究極のナチョス体験

D1799138

あらゆる機会にぴったりの 100 以上の魅力的なレシピ。カリカリのチップス、風味豊かなトッピング、そして大胆なフレーバーの完璧な組み合わせを発見して、究極のナチョス体験を生み出しましょう

美加子 佐々木

目次

導入

究極のナチョス料理本へようこそ。この本には、あらゆる機会にぴったりのナチョスを作るために知っておくべきことがすべて記載されています。パーティーを主催する場合でも、手早く簡単な軽食を探している場合でも、単においしいホッとする料理を食べたい場合でも、ナチョスは完璧な選択肢です。

この本には、あなたの食欲を確実に満たす、魅力的なナチョスのレシピが 100 種類以上掲載されています。クラシックなビーフとチーズのナチョスから、バーベキューチキンやたっぷりのベイクドポテトなどの独創的なアレンジまで、このページには誰もが楽しめるものが揃っています。

しかし、それはトッピングだけではありません。究極のサクサク食感を実現する自家製チップスの作り方と、ナチョスを次のレベルに引き上げるおいしいソースとディップの作り方をご紹介します。ベジタリアンやグルテンフリーなど、あらゆる食事の好みに合わせたオプションがあり、誰もがこのおいしい料理を楽しむことができます。

カリカリのチップス、風味豊かなトッピング、そして大胆なフレーバーの完璧な組み合わせを見つけて、究極のナチョス体験を生み出す準備をしましょう。私たちの専門家のヒントとコツを使えば、すぐにおいしそうなナチョスが完成します。料理をしましょう！

ナチョス、料理本、レシピ、パーティー、スナック、ホッとする食べ物、牛肉、チーズ、バーベキューチキン、ロードベイクドポテト、自家製チップス、クリス

ピー、クランチ、ソース、ディップ、食事の好み、ベジタリアン、グルテンフリー、専門家のヒント、おいしそうなもの。

ビーフナチョス

1. クラシックビーフナチョス

牛ひき肉　1 ポンド

タコスシーズニング　1 袋

トルティーヤチップス　1 袋

シュレッドチェダーチーズ　2 カップ

角切りトマト　1 カップ

みじん切りの玉ねぎ　1 カップ

サルサ　1 カップ

スライスしたハラペーニョ　1/2 カップ

オーブンを 375°F に予熱します。フライパンで牛ひき肉を炒め、タコス
シーズニングを加えます。ベーキングシートの上にトルティーヤチップスを
重ね、その上に牛ひき肉、チーズ、トマト、玉ねぎ、サルサ、ハラペーニ
ョを乗せます。10〜15 分間、またはチーズが溶けるまで焼きます。

2. キャンプ ビーフ ナチョ

- 牛ひき肉　1 ポンド
- バルク、ホット、ポーク　ソーセージ　1　ポンド
- 角切りのベルヴィータチーズ　2 ポンド
- 10 1/2 オンス　マッシュルームのクリームスープ
- 10 1/2 オンスの角切りトマトと青唐辛子、角切り
- ガーリックパウダー　小さじ 2
- 黒胡椒　小さじ 1

a) 肉とソーセージをダッチオーブンで焼きます。ドレイン。残りの材料を加え、ベルヴィータが溶けるまで加熱します。よく混ぜます。

b) 混合物が非常に温かくなるまで加熱を続けます。トルティーヤチップスと一緒にお召し上がりください。8 カップのディップが作れます

3. たっぷりのビーフナチョス

材料

- 牛ひき肉（1 ポンド、0.45 キロ）

- トルティーヤチップス 大袋 1 個

- 種を取り、さいの目切りにしたピーマン 1 個

- ネギ、スライス - 1/2 カップ

- 赤玉ねぎ（皮をむき、さいの目切り） – 1/2 カップ

- チェダーチーズ、シュレッド – 3 カップ

- サワークリーム、ワカモレ、サルサ – 盛り付け

方向：

a) 鋳鉄製の鍋に、トルティーヤチップスを 2 層に並べます。

b) 牛ひき肉、ピーマン、ねぎ、赤玉ねぎ、そして最後にチェダーチーズを散らします。

c) 鋳鉄製の鍋をグリルの上に置き、チーズが完全に溶けるまで約 10 分間調理します。

d) グリルを外し、サワークリーム、ワカモレ、サルサを添えてお召し上がりください。

4. テイタートットナチョス

サーブ数: 2

材料
⬜テイタートッツ 2 食分
6 オンス 牛ひき肉（80/20）、調理済み
⬜2 オンス チェダーチーズ（シュレッド）
大さじ 2 サワークリーム
⬜黒オリーブ 6 個（スライス）
⬜大さじ 1 サルサ
⬜ハラペーニョペッパー中 1/2 個（スライス）

方向
1.小さなキャセロール皿またはミニ鋳鉄フライパンに、9〜10 個のテータートッツを置きます。
2.牛ひき肉 1/2、シュレッドチーズ 1/2 を加えます。2 番目の層は、テイタートッツの量を減らし、残りの牛肉の 1/2、残りのチーズの 1/2 から始めます。最後のテイタートッツでも同じことを繰り返します。オーブンで 4〜5 分焼き、チーズが溶けます。
3. ハラペーニョ、サワークリーム、ブラックオリーブ、サルサを添えてお召し上がりください。楽しむ！

5. グリルナチョス

材料

- シュレッドチーズ
- トマト
- 焦げた牛肉
- サルサ

方向:

a) 鉄板にアルミホイルを敷き、ナチョスを山盛りするだけです。その上に好きなものを乗せて、

b) 蓋をして中火から弱火に数分間置きます。チーズが溶けたら火から下ろし、お召し上がりください。

6. レトックスナチョス

出来上がり量：3 人分

材料

- アボカド 1/2 個（角切り）
- エクストラバージンオリーブオイル 大さじ 1
- ベビーほうれん草 2 カップ
- オーガニック牛ひき肉 1/2 ポンド
- サワークリーム、スライスしたハラペーニョ、新鮮なコリアンダー、飾り用
- セサミブルーのトルティーヤチップス
- ニンニク 2 片（みじん切り）
- 白玉ねぎ 1/2 個（みじん切り）
- トマト 1 個（みじん切り）

説明書

a) フライパンに油を中火で熱します。

b) ニンニクを黄金色になるまで炒めます。

c) ほうれん草を加え、ほうれん草がしおれるまで約 5 分間煮ます。

d) 脇に置いておきましょう。

e) 同じフライパンにひき肉を加え、調理しながら木のスプーンで崩します。

f) 肉が終わったら、鍋から取り出し、ほうれん草の上に置きます。

g) 玉ねぎ、トマト、アボカドをのせてお召し上がりください。

h) サワークリーム、ハラペーニョ、コリアンダーを飾ります。

i) トルティーヤチップスと一緒にお召し上がりください。

7. 韓牛ナチョス

材料

牛ひき肉　1 ポンド
大さじ 2 杯。しょうゆ
大さじ 1　黒砂糖
大さじ 1　胡麻油
小さじ 1/2　ガーリックパウダー
小さじ 1/2　オニオンパウダー
トルティーヤチップス　1 袋
シュレッドチェダーチーズ　1 カップ
シュレッドモントレージャックチーズ　1 カップ
ネギのスライス　1/4　カップ
刻んだ新鮮なコリアンダー　1/4　カップ

説明書

オーブンを 375°F に予熱します。

フライパンで牛ひき肉を中火で焼きます。余分な脂肪を排出します。

ボウルに醤油、黒砂糖、ごま油、ガーリックパウダー、オニオンパウダーを入れて混ぜます。ボウルに牛肉を加えて和える。

ベーキングシートの上に、トルティーヤチップスを一層に広げます。

シュレッドチーズをチップスの上に振りかけ、牛肉の混合物を上に乗せます。

10〜15 分間、またはチーズが溶けて泡立つまで焼きます。

スライスしたネギと刻んだコリアンダーをトッピングします。

8. BBQ ビーフナチョス

材料

調理済み牛ブリスケットまたはローストの細切り　1　ポンド

BBQ ソース　1/2 カップ

トルティーヤチップス　1 袋

シュレッドチェダーチーズ　1 カップ

シュレッドモントレージャックチーズ　1 カップ

赤玉ねぎのみじん切り　1/4 カップ

刻んだ新鮮なコリアンダー　1/4 カップ

サービング用サワークリーム

説明書

オーブンを 375°F に予熱します。

ボウルに細切り牛肉と BBQ ソースを入れて混ぜます。

ベーキングシートの上に、トルティーヤチップスを一層に広げます。

チップスの上にシュレッドチーズを振りかけ、その上にバーベキュービーフミックスを乗せます。

10〜15 分間、またはチーズが溶けて泡立つまで焼きます。

みじん切りの赤玉ねぎと刻んだコリアンダーをトッピングします。サワークリームを添えてお召し上がりください。

9. スパイシービーフナチョス

材料

牛ひき肉　1 ポンド
大さじ 1　チリパウダー
小さじ 1　クミン
小さじ 1/2　パプリカ
小さじ 1/4　カイエンペッパー
小さじ 1/2　塩
トルティーヤチップス　1 袋
シュレッドチェダーチーズ　1 カップ
シュレッドモントレージャックチーズ　1 カップ
角切りのハラペーニョ　1/4　カップ
刻んだ新鮮なコリアンダー　1/4　カップ

説明書

オーブンを 375°F に予熱します。

フライパンで牛ひき肉を中火で焼きます。余分な脂肪を排出します。

ボウルにチリパウダー、クミン、パプリカ、カイエンペッパー、塩を入れて混ぜます。ボウルに牛肉を加えて和える。

ベーキングシートの上に、トルティーヤチップスを一層に広げます。

シュレッドチーズをチップスの上に振りかけ、牛肉の混合物を上に乗せます。

10〜15 分間、またはチーズが溶けて泡立つまで焼きます。

角切りのハラペーニョと刻んだコリアンダーをトッピングします。

10.   フィラデルフィアチーズステーキのナチョス

材料

薄くスライスした牛サーロインまたはフランクステーキ　1 ポンド

大さじ 2 杯。オリーブオイル

玉ねぎのみじん切り　1 個

さいの目に切った緑ピーマン　1 個

スライスしたキノコ　1/4 カップ

トルティーヤチップス　1 袋

シュレッドプロヴォローネチーズ　1 カップ

刻んだ新鮮なパセリ　1/4 カップ

説明書

オーブンを 375°F に予熱します。

フライパンにオリーブオイルを入れて中火で加熱します。薄切りの牛肉を加え、焼き色がつくまで炒めます。みじん切りにした玉ねぎ、ピーマン、スライスしたキノコを加え、柔らかくなるまで煮ます。

ベーキングシートの上に、トルティーヤチップスを一層に広げます。

4. シュレッドプロヴォローネチーズをチップスの上に振りかけ、牛肉の混合物を上に乗せます。

10〜15 分間、またはチーズが溶けて泡立つまで焼きます。

刻んだ新鮮なパセリをトッピングします。

11.   ステーキナチョス

材料

1 ポンドのグリルしたフランクステーキ、薄くスライス

トルティーヤチップス　1 袋

シュレッドチェダーチーズ　1 カップ

シュレッドモントレージャックチーズ　1 カップ

赤玉ねぎのみじん切り　1/4 カップ

刻んだ新鮮なコリアンダー　1/4 カップ

サービング用サワークリーム

説明書

オーブンを 375°F に予熱します。

ベーキングシートの上に、トルティーヤチップスを一層に広げます。

チップスの上にシュレッドチーズを振りかけ、その上にグリルしたフランクステーキを乗せます。

10〜15 分間、またはチーズが溶けて泡立つまで焼きます。

みじん切りの赤玉ねぎと刻んだコリアンダーをトッピングします。サワークリームを添えてお召し上がりください。

12.　　牛肉と豆のナチョス

材料

牛ひき肉　1 ポンド

黒豆　1 缶（水気を切って洗っておきます）

大さじ 1　チリパウダー

小さじ 1　クミン

小さじ 1/2　パプリカ

小さじ 1/4　カイエンペッパー

小さじ 1/2　塩

トルティーヤチップス　1 袋

シュレッドチェダーチーズ　1 カップ

シュレッドモントレージャックチーズ　1 カップ

刻んだ新鮮なコリアンダー　1/4　カップ

サービング用サワークリーム

説明書

オーブンを 375°F に予熱します。

フライパンで牛ひき肉を中火で焼きます。余分な脂肪を排出します。

黒豆、チリパウダー、クミン、パプリカ、カイエンペッパー、塩をフライパンに加えます。かき混ぜて混ぜ合わせます。

ベーキングシートの上に、トルティーヤチップスを一層に広げます。

チップスの上にシュレッドチーズを振りかけ、牛肉と豆の混合物をトッピングします。

10〜15 分間、またはチーズが溶けて泡立つまで焼きます。

刻んだ新鮮なコリアンダーをトッピングします。サワークリームを添えてお召し上がりください。

13. <u>タコビーフナチョス</u>

材料

牛ひき肉　1 ポンド

大さじ 1　チリパウダー

小さじ 1　クミン

小さじ 1/2　パプリカ

小さじ 1/4　カイエンペッパー

小さじ 1/2　塩

トルティーヤチップス　1 袋

シュレッドチェダーチーズ　1 カップ

シュレッドモントレージャックチーズ　1 カップ

角切りトマト　1/4 カップ

赤玉ねぎのみじん切り　1/4 カップ

刻んだ新鮮なコリアンダー　1/4　カップ

サービング用サワークリーム

説明書

オーブンを 375°F に予熱します。

フライパンで牛ひき肉を中火で焼きます。余分な脂肪を排出します。

チリパウダー、クミン、パプリカ、カイエンペッパー、塩をフライパンに加えます。かき混ぜて混ぜ合わせます。

ベーキングシートの上に、トルティーヤチップスを一層に広げます。

チップスの上にシュレッドチーズを振りかけ、タコスビーフミックスをトッピングします。

10〜15 分間、またはチーズが溶けて泡立つまで焼きます。

その上に角切りのトマト、角切りの赤玉ねぎ、みじん切りのコリアンダーを乗せます。サワークリームを添えてお召し上がりください。

14. <u>ビーフファヒータナチョス</u>

材料

ハラミステーキ　1 ポンド（スライス）
赤ピーマン　1 個（スライス）
緑ピーマン　1 個（スライス）
玉ねぎ　1/2 個（みじん切り）
トルティーヤチップス　1 袋
シュレッドチェダーチーズ　1 カップ
刻んだ新鮮なコリアンダー　1/4 カップ
サービング用サワークリーム

説明書

オーブンを 375°F に予熱します。

フライパンでハラミを中火で焼き色がつくまで焼きます。フライパンから取り出して脇に置きます。

同じフライパンで赤ピーマン、緑ピーマン、玉ねぎをしんなりするまで炒めます。

ベーキングシートの上に、トルティーヤチップスを一層に広げます。

細切りチェダーチーズをチップスの上に振りかけ、牛肉とファヒータペッパーの混合物を上に乗せます。

10〜15 分間、またはチーズが溶けて泡立つまで焼きます。

刻んだ新鮮なコリアンダーをトッピングします。サワークリームを添えてお召し上がりください。

チキンナチョス

15. たっぷりチキンナチョス

調理して細切りにした鶏肉 2 カップ

トルティーヤチップス 1 袋

シュレッドチェダーチーズ 2 カップ

黒豆 1 缶

みじん切りの赤玉ねぎ 1/2 カップ

角切りの赤ピーマン 1/2 カップ

角切りのピーマン 1/2 カップ

刻んだコリアンダー 1/4 カップ

サワークリーム 1/4 カップ

ベーキングシートの上にトルティーヤチップスを重ね、細切りにした鶏肉、チーズ、黒豆、赤玉ねぎ、赤ピーマン、緑ピーマン、コリアンダーをのせます。10〜15 分間、またはチーズが溶けるまで焼きます。食べる前にサワークリームをトッピングしてください。

16. ナチョチキンキャセロール

材料

⊡75 ポンド 鶏もも肉、骨なし、皮なし

⊡小さじ 1 1/2 唐辛子調味料

大さじ 2 オリーブオイル

⊡4 オンス クリームチーズ

⊡4 オンス チェダーチーズ

青唐辛子とトマト 1 カップ

⊡大さじ 3 パルメザンチーズ (~45g)

サワークリーム 1/4 カップ

⊡16 オンス 冷凍カリフラワーのパッケージ

⊡ハラペーニョペッパー中 1 個

⊡塩とコショウで味を調える

方向

1.オーブンを 375F に予熱します。キッチンバサミを使って鶏肉を一口大に切ります。鶏肉に塩、コショウ、唐辛子を加えて味付けします。
2.オリーブオイルで鶏肉を中火にかけ、両面に焼き色がつくまで焼きます。
3.チキンケンにクリームチーズ、サワークリーム、チェダーチーズの 3/4 量を加え、溶けて混ざるまで混ぜます。トマトと青唐辛子を加えてよく混ぜます。
4.キャセロール皿に、フライパンから鶏肉の混合物を加えます。

5.冷凍カリフラワーを火が通るまで電子レンジで加熱します。浸漬ブレンダーを使用して、残りのチーズとマッシュポテトのような粘稠度になるまで混ぜ合わせます。塩とコショウで味付けします。

6.ハラペーニョを一口大に切ります。カリフラワー混合物をキャセロールの上に広げ、その上にハラペーニョペッパーを振りかけます。15〜20分間、または表面に色がつき、ハラペーニョに火が通るまで焼きます。

7.スライスしてお召し上がりください。新鮮なみじん切りコリアンダーをトッピングするととても美味しいです！

17. バッファローチキンナチョス

調理して細切りにした鶏肉 2 カップ

トルティーヤチップス 1 袋

細切りモントレージャックチーズ 2 カップ

バッファローソース 1/2 カップ

刻んだコリアンダー 1/4 カップ

角切りセロリ 1/4 カップ

ベーキングシートの上にトルティーヤチップスを重ね、その上に細切りチキン、細切りチーズ、バッファローソース、コリアンダー、セロリを乗せます。10〜15 分間、またはチーズが溶けるまで焼きます。

18. イタリアン・ナチョス

作る：1

材料
アルフレドソース添え
- 1 カップハーフアンドハーフ
- ヘビークリーム 1 カップ
- 無塩バター 大さじ 2
- にんにくみじん切り 2 片
- パルメザンチーズ 1/2 カップ
- 塩とコショウ
- 小麦粉 大さじ 2

ナチョス
- ワンタンの皮を三角形にカット
- 1 鶏肉を調理して細切りにする
- ピーマンのソテー
- モツァレラチーズ
- オリーブ
- パセリのみじん切り
- パルメザンチーズ
- ピーナッツやキャノーラを揚げるための油

説明書

a) ソースパンに無塩バターを入れて中火にかけて溶かします。

b) バターがすべて溶けるまでニンニクを加えてかき混ぜます。

c) 小麦粉を手早く加え、固まって黄金色になるまで絶えず泡立てます。

d) ボウルに生クリームと生クリームを半分ずつ入れて混ぜ合わせます。

e) 沸騰したら弱火にし、8〜10 分間、またはとろみがつくまで煮ます。

f) 塩とコショウで味付けします。

g) ワンタン：大きなフライパンに油を中強火で 1/3 程度まで加熱します。

h) ワンタンを 1 つずつ加え、底がきつね色になるまで加熱し、ひっくり返して反対側も焼きます。

i) 排水溝の上にペーパータオルを置きます。

j) オーブンを 350°F に予熱し、ベーキングシートにクッキングシートを敷き、その上にワンタンを並べます。

k) その上にアルフレッドソース、鶏肉、ピーマン、モッツァレラチーズを乗せます。

l) オーブンのブロイラーの下に 5〜8 分間、またはチーズが完全に溶けるまで置きます。

m) オーブンから取り出し、オリーブ、パルメザンチーズ、パセリをトッピングします。

19. チキンファヒータナチョス

材料

鶏胸肉　2 枚（薄くスライス）

大さじ 2 杯。オリーブオイル

玉ねぎのみじん切り　1 個

さいの目に切った緑ピーマン　1 個

トルティーヤチップス　1 袋

シュレッドチェダーチーズ　1 カップ

シュレッドモントレージャックチーズ　1 カップ

角切りトマト　1 個

刻んだ新鮮なコリアンダー　1/4　カップ

サービング用サワークリーム

説明書

オーブンを 375°F に予熱します。

フライパンにオリーブオイルを入れて中火で加熱します。薄くスライスした鶏胸肉を加え、焼き色がつくまで炒めます。みじん切りにした玉ねぎとピーマンを加え、しんなりするまで炒めます。

ベーキングシートの上に、トルティーヤチップスを一層に広げます。

チキンミックスをチップスの上に振りかけ、シュレッドチーズと角切りトマトをトッピングします。

10〜15 分間、またはチーズが溶けて泡立つまで焼きます。

刻んだコリアンダーをトッピングし、サワークリームを添えます。

20. クラシックチキンナチョス

材料

調理済み細切り鶏肉　2 カップ

トルティーヤチップス　1 袋

シュレッドチェダーチーズ　1 カップ

シュレッドモントレージャックチーズ　1 カップ

角切りトマト　1/4 カップ

赤玉ねぎのみじん切り　1/4 カップ

刻んだ新鮮なコリアンダー　1/4 カップ

サービング用サワークリーム

説明書

オーブンを 375°F に予熱します。

ベーキングシートの上に、トルティーヤチップスを一層に広げます。

シュレッドチーズをチップスの上に振りかけ、その上に調理したシュレッドチキンを乗せます。

10〜15 分間、またはチーズが溶けて泡立つまで焼きます。

その上に角切りのトマト、角切りの赤玉ねぎ、みじん切りのコリアンダーを乗せます。サワークリームを添えてお召し上がりください。

21.   BBQ チキンナチョス

材料

調理済み細切り鶏肉　2 カップ
BBQ ソース　1/2 カップ
トルティーヤチップス　1 袋
シュレッドチェダーチーズ　1 カップ
赤玉ねぎのみじん切り　1/4 カップ
刻んだ新鮮なコリアンダー　1/4　カップ
サービング用ランチドレッシング

説明書

オーブンを 375°F に予熱します。

ボウルに、調理済みの細切り鶏肉と BBQ ソースを混ぜます。

ベーキングシートの上に、トルティーヤチップスを一層に広げます。

細切りチェダーチーズをチップスの上に振りかけ、バーベキューチキンミックスをトッピングします。

10〜15 分間、またはチーズが溶けて泡立つまで焼きます。

みじん切りの赤玉ねぎと刻んだコリアンダーをトッピングします。ランチドレッシングと一緒にお召し上がりください。

22. チキンエンチラーダナチョス

材料

調理済み細切り鶏肉　2 カップ

レッドエンチラーダソース　1 缶（10 オンス）

トルティーヤチップス　1 袋

シュレッドチェダーチーズ　1 カップ

赤玉ねぎのみじん切り　1/4 カップ

刻んだ新鮮なコリアンダー　1/4 カップ

サービング用サワークリーム

説明書

オーブンを 375°F に予熱します。

ボウルに、調理済みの細切り鶏肉と赤いエンチラーダソースを混ぜます。

ベーキングシートの上に、トルティーヤチップスを一層に広げます。

細切りチェダーチーズをチップスの上に振りかけ、チキンとエンチラーダソースの混合物を上に乗せます。

10〜15 分間、またはチーズが溶けて泡立つまで焼きます。

みじん切りの赤玉ねぎと刻んだ新鮮なコリアンダーをトッピングします。サワークリームを添えてお召し上がりください。

23.　　チキンワカモレナチョス

材料

調理済み細切り鶏肉　2 カップ

ワカモレ　1/2 カップ

トルティーヤチップス　1 袋

シュレッドモントレージャックチーズ　1 カップ

角切りトマト　1/4 カップ

赤玉ねぎのみじん切り　1/4 カップ

サービング用サワークリーム

説明書

オーブンを 375°F に予熱します。

ベーキングシートの上に、トルティーヤチップスを一層に広げます。

細切りにしたモントレージャックチーズをチップスの上に振りかけ、その上に調理した細切りチキンを乗せます。

10〜15 分間、またはチーズが溶けて泡立つまで焼きます。

その上にワカモレ、角切りのトマト、角切りの赤玉ねぎをたっぷりと乗せます。サワークリームを添えてお召し上がりください。

24. <u>チキンタコスナチョス</u>

材料

調理済み細切り鶏肉　2 カップ

タコスシーズニング　1 パック

トルティーヤチップス　1 袋

シュレッドチェダーチーズ　1 カップ

角切りトマト　1/4 カップ

赤玉ねぎのみじん切り　1/4 カップ

サービング用サワークリーム

説明書

オーブンを 375°F に予熱します。

ボウルに、調理済みの細切りチキンとタコスシーズニングを混ぜます。

ベーキングシートの上に、トルティーヤチップスを一層に広げます。

細切りチェダーチーズをチップスの上に振りかけ、チキンとタコスのシーズニング混合物を上に乗せます。

10〜15 分間、またはチーズが溶けて泡立つまで焼きます。

その上に角切りのトマトと角切りの赤玉ねぎを乗せます。サワークリームを添えてお召し上がりください。

25.   チキンチリナチョス

材料

調理済み細切り鶏肉　2 カップ

豆入りチリ　1 缶　(15 オンス)

トルティーヤチップス　1 袋

シュレッドチェダーチーズ　1 カップ

赤玉ねぎのみじん切り　1/4 カップ

サービング用サワークリーム

説明書

オーブンを 375°F に予熱します。

鍋で唐辛子と豆を入れて加熱します。

ベーキングシートの上に、トルティーヤチップスを一層に広げます。

細切りチェダーチーズをチップスの上に振りかけ、その上に調理した細切りチキンを乗せます。

加熱した唐辛子と豆を鶏肉とチーズの上に注ぎます。

10〜15 分間、またはチーズが溶けて泡立つまで焼きます。

みじん切りの赤玉ねぎをトッピングします。サワークリームを添えてお召し上がりください。

26.　　チキンベーコンランチナチョス

材料

調理済み細切り鶏肉　2 カップ

ランチドレッシング　1/2 カップ

トルティーヤチップス　1 袋

シュレッドチェダーチーズ　1 カップ

砕いたベーコン　1/4　カップ

刻んだ新鮮なパセリ　1/4　カップ

説明書

オーブンを 375°F に予熱します。

ボウルに、調理した細切り鶏肉とランチドレッシングを入れて混ぜます。

ベーキングシートの上に、トルティーヤチップスを一層に広げます。

細切りチェダーチーズをチップスの上に振りかけ、チキンとランチドレッシングの混合物をトッピングします。

5.その上に砕いたベーコンを散らします。

10〜15 分間、またはチーズが溶けて泡立つまで焼きます。

刻んだ新鮮なパセリをトッピングします。

27.   アボカドチキンナチョス

材料

調理済み細切り鶏肉 2 カップ

トルティーヤチップス 1 袋

細切りペッパージャックチーズ 1 カップ

アボカド 1 個（角切り）

赤玉ねぎのみじん切り 1/4 カップ

刻んだ新鮮なコリアンダー 1/4 カップ

サービング用ライムウェッジ

説明書

オーブンを 375°F に予熱します。

ベーキングシートの上に、トルティーヤチップスを一層に広げます。

細切りにしたペッパージャックチーズをチップスの上に振りかけ、その上に調理した細切りチキンを乗せます。

10〜15 分間、またはチーズが溶けて泡立つまで焼きます。

角切りのアボカド、角切りの赤玉ねぎ、刻んだ新鮮なコリアンダーをトッピングします。

ライムを添えてお召し上がりください。

28. ギリシャ風チキンナチョス

材料

調理済み細切り鶏肉　2 カップ

ピタチップス　1 袋

砕いたフェタチーズ　1 カップ

さいの目に切ったキュウリ　1/2 カップ

赤玉ねぎのみじん切り　1/4 カップ

カラマタオリーブのみじん切り　1/4 カップ

刻んだ新鮮なパセリ　1/4 カップ

ザジキソース　1/4 カップ（サービング用）

説明書

オーブンを 375°F に予熱します。

ベーキングシートの上に、ピタチップスを一層に広げます。

砕いたフェタチーズをチップスの上に振りかけ、その上に調理した細切りチキンを乗せます。

10〜15 分間、またはチーズが溶けて泡立つまで焼きます。

その上に、角切りにしたキュウリ、角切りの赤玉ねぎ、刻んだカラマタオリーブ、刻んだ新鮮なパセリを乗せます。

ザジキソースを添えてお召し上がりください。

29. テリヤキチキンナチョス

材料

調理済み細切り鶏肉　2 カップ

てりやきソース　1/4 カップ

トルティーヤチップス　1 袋

シュレッドモントレージャックチーズ　1 カップ

ねぎのみじん切り　1/4 カップ

盛り付け用ごま

説明書

オーブンを 375°F に予熱します。

ボウルに、調理済みの細切り鶏肉と照り焼きソースを混ぜます。

ベーキングシートの上に、トルティーヤチップスを一層に広げます。

細切りにしたモントレージャックチーズをチップスの上に振りかけ、チキンとテリヤキソースを混ぜたものをトッピングします。

10〜15 分間、またはチーズが溶けて泡立つまで焼きます。

みじん切りにしたネギとゴマをトッピングします。

30.   カプレーゼチキンナチョス

材料

調理済み細切り鶏肉　2 カップ
ピタチップス　1 袋
細切りモッツァレラチーズ　1 カップ
トマト　1 個（角切り）
刻んだフレッシュバジル　1/4 カップ
サービング用バルサミコ釉

説明書

オーブンを 375°F に予熱します。

ベーキングシートの上に、ピタチップスを一層に広げます。

細切りにしたモッツァレラチーズをチップスの上に振りかけ、その上に調理した細切りチキンを乗せます。

10〜15 分間、またはチーズが溶けて泡立つまで焼きます。

角切りトマトと刻んだフレッシュバジルをトッピングします。

召し上がる前にバルサミコグレーズをかけてください。

31. 韓国風バーベキューチキンナチョス

材料

調理済み細切り鶏肉　2 カップ

韓国風バーベキューソース　1/4 カップ

トルティーヤチップス　1 袋

細切りペッパージャックチーズ　1 カップ

赤玉ねぎのみじん切り　1/4 カップ

刻んだ新鮮なコリアンダー　1/4　カップ

サービング用シラチャマヨネーズ

説明書

オーブンを 375°F に予熱します。

ボウルに、調理済みの細切り鶏肉と韓国式バーベキューソースを混ぜます。

ベーキングシートの上に、トルティーヤチップスを一層に広げます。

細切りペッパージャックチーズをチップスの上に振りかけ、チキンと韓国式 BBQ ソースを混ぜ合わせたものをトッピングします。

10〜15 分間、またはチーズが溶けて泡立つまで焼きます。

みじん切りの赤玉ねぎと刻んだ新鮮なコリアンダーをトッピングします。

食べる前にシラチャマヨネーズを振りかけます。

ポークナチョス

32.プルドポークナチョス

調理して細切りにしたプルドポーク 2 カップ

トルティーヤチップス 1 袋

細切りモントレージャックチーズ 2 カップ

BBQ ソース 1 カップ

みじん切りの赤玉ねぎ 1/2 カップ

角切りパイナップル 1/2 カップ

刻んだコリアンダー 1/4 カップ

ベーキングシートの上にトルティーヤチップスを重ね、その上にプルドポーク、チーズ、BBQ ソース、レッドオニオン、パイナップルをのせます。10〜15 分間、またはチーズが溶けるまで焼きます。食べる前にコリアンダーをトッピングしてください。

33. 朝食のベーコンナチョス

トルティーヤチップス 1 袋

シュレッドチェダーチーズ 2 カップ

スクランブルエッグ 4 個

調理済みベーコン 4 枚（みじん切り）

角切りトマト 1/2 カップ

みじん切りネギ 1/4 カップ

サワークリーム 1/4 カップ

ベーキングシートの上にトルティーヤチップスを重ね、シュレッドチーズ、ス
クランブルエッグ、刻んだベーコン、角切りのトマト、ネギをのせます。
10〜15 分間、またはチーズが溶けるまで焼きます。食べる前にサワー
クリームをトッピングしてください。

34. <u>ハワイアンナチョス</u>

トルティーヤチップス　1 袋

細切りモッツァレラチーズ　2 カップ

角切りハム　1 カップ

角切りパイナップル　1 カップ

みじん切りの赤玉ねぎ　1/2 カップ

刻んだコリアンダー　1/4 カップ

トルティーヤチップスを天板に重ね、細切りモッツァレラチーズ、角切りのハム、角切りのパイナップル、赤玉ねぎ、コリアンダーをのせます。10〜15 分間、またはチーズが溶けるまで焼きます。

35. ハニーライムポークナチョス

生産数: 8

材料

- 骨なし豚ロース肉 1.5 ポンド（切り落とし）
- コーシャーソルト 小さじ 1/4
- 蜂蜜 大さじ 3
- 新鮮なライムジュース 大さじ 3
- ニンニクのスライス 大さじ 1
- 8 オンスのベイクドマルチグレイントルティーヤチップス
- 4 オンスのペッパージャックチーズ、細切り
- 角切りトマト 1/2 カップ
- 赤玉ねぎの薄切り 1/3 カップ
- 刻んだ新鮮なコリアンダー 1/4 カップ
- 減脂肪サワークリーム 1/3 カップ
- 全乳 大さじ 2
- ライムウェッジ 8 本

説明書

a) 豚肉に塩小さじ 1 をまぶし、鍋に入れます。蜂蜜とライムジュースを注ぎます。ニンニクのスライスを上に置きます。

b) 豚肉の最も厚い部分に差し込んだ温度計が 140°F を示すまで、2〜3 時間ゆっくりと調理します。

c) 豚肉をまな板に移し、ドリップをクロックポットに保存します。豚肉を 10 分間休ませます。豚肉を小さな立方体に切り、クロックポットに取っておいたドリップと混ぜます。

d) 縁のある天板にチップスを均等に並べ、その上に豚肉とチーズをのせます。

e) チーズが溶けるまで約 4 分間焼きます。その上にトマト、玉ねぎ、コリアンダー、そして残りの小さじ 1/4 の塩を加えます。

f) サワークリームと牛乳を混ぜ合わせ、ナチョスの上に注ぎます。

g) ライムウェッジを添えてお召し上がりください。

36. カリビアンナチョス

材料

- トルティーヤチップス 1 パッケージ (16 オンス)
- 赤ピーマン 1 個（角切り）
- ねぎ 1 束（みじん切り）
- アボカド 1 個 - 皮をむき、種を取り、角切りにする
- パイナップル 1/2 個（皮をむいてカット）
- 厚切りベーコン 8 枚
- カリビアンジャークマリネ 3/4 カップ
- 皮をむいた調理済みエビ 1 ポンド
- 1/2 ポンドのモントレージャックチーズ

方向

a) トレイまたはクッキングシートの上にチップを重ねます。レッドペッパー、オレンジペッパー、タマネギ、アボカド、パイナップルをチップスと合わせて並べます。

b) 大きく深いフライパンにベーコンを入れます。均一にカリカリになるまで中強火で調理します。ペーパータオルを敷いた皿の上で水気を切ります。

c) ジャークマリネを鍋に注ぎ、中火にかけます。マリネが粘稠な粘稠度になるまで、約 3 分間かき混ぜながら調理します。エビを加えてかき混ぜます。エビが熱くなる前に調理してください。ナチョスの上にエビを散らします。モンテレージャックチーズとコリアンダーをトッピングします。

d) チーズが溶ける前にナチョスをオーブンに入れます（約 7 分）。

37.   たっぷりの BBQ ポークナチョス

材料

調理済み豚肉の細切り　2 カップ
バーベキューソース　1/4 カップ
トルティーヤチップス　1 袋
シュレッドチェダーチーズ　1 カップ
シュレッドモントレージャックチーズ　1 カップ
赤玉ねぎのみじん切り　1 個
刻んだ新鮮なコリアンダー　1/4 カップ
サービング用サワークリーム

説明書

オーブンを 375°F に予熱します。

ボウルに、細切りにした豚肉とバーベキューソースをコーティングするまで混ぜ
ます。

ベーキングシートの上に、トルティーヤチップスを一層に広げます。

プルドポークをチップスの上に散らし、その上にシュレッドチーズと角切りの赤
玉ねぎを乗せます。

10〜15 分間、またはチーズが溶けて泡立つまで焼きます。

新鮮なコリアンダーをトッピングし、サワークリームを添えます。

野菜のナチョス

38.野菜とチェダーチーズのナチョス

トルティーヤチップス 1 袋

シュレッドチェダーチーズ 2 カップ

黒豆 1 缶

角切りの赤ピーマン 1 個

さいの目に切った緑ピーマン 1 個

みじん切りの玉ねぎ 1/2 カップ

角切りトマト 1/2 カップ

刻んだコリアンダー 1/4 カップ

トルティーヤチップスを天板に重ね、シュレッドチーズ、黒豆、赤ピーマン、緑ピーマン、玉ねぎ、トマトをのせます。10〜15 分間、またはチーズが溶けるまで焼きます。食べる前にコリアンダーをトッピングしてください。

39.野菜のナチョス

分量: 3 人前

材料
⬜8 オンスのトルティーヤチップス
グリルチキン ⬜1/2 カップ
⬜黒豆 1 缶（水を切り、洗った）
ホワイトケソ 1 カップ
グレープトマト 半カップ ⬜1/2 カップ
ネギ 1/3 カップ（みじん切り）

方向：
1.ホイルを使ってエアフライバスケットを敷きます。
2.焦げ付き防止スプレーを使用して、表面をコーティングします。
3.チップス、チキン、ビーンズを上に重ねてナチョスを組み立てます。
4.その上にケソの層を置きます。
5.その上にトマトと玉ねぎを加えます。
6.Ninja Foodi デジタルエアフライヤーオーブンの電源を入れ、ノブを回して「エアフライ」を選択します。
7.タイマーを 5 分間、温度を 355 ℉ に選択します。
8.Ninja Foodi デジタルエアフライヤーオーブンから取り出してお召し上がりください。

40. スイートポテトのナチョス

製造数: 6

材料

- オリーブオイル　大さじ 1
- みじん切りトマト　1/3 カップ
- 刻んだアボカド　1/3 カップ
- チリパウダー　小さじ 1
- ガーリックパウダー　小さじ 1
- サツマイモ　3 個
- パプリカ　小さじ 1 と 1/2
- 減脂肪シュレッドチェダーチーズ　1/3 カップ

説明書

a) オーブンを華氏 425 度に予熱します。天板にテフロン加工のクッキングスプレーを塗り、ホイルで覆います。

b) サツマイモの皮をむき、14 インチの輪切りにします。

c) 丸めたものにオリーブオイル、チリパウダー、ガーリックパウダー、パプリカを混ぜます。

d) 予熱した型に均等に広げ、焼き時間の途中で裏返し、カリカリになるまで 25 分間焼きます。

e) フライパンをオーブンから取り出し、サツマイモの上に豆とチーズをのせます。

f) チーズが溶けるまでさらに 2 分間焼きます。

g) トマトとアボカドを入れます。仕える。

41.　ポテトの皮がたっぷり入ったナチョス

材料

ラセットポテト 4 個
大さじ 2 杯。オリーブオイル
トルティーヤチップス 1 袋
シュレッドチェダーチーズ 1 カップ
シュレッドモントレージャックチーズ 1 カップ
調理済みベーコン 6 本（砕いたもの）
ネギのスライス 1/4 カップ
サワークリーム 1/4 カップ

説明書

オーブンを 375°F に予熱します。

ジャガイモを洗って乾燥させ、フォークで全体に穴をあけます。オリーブオイル
を塗り、天板に並べます。45〜60 分間、または柔らかくなるまで焼きます
。

ジャガイモを縦半分に切り、皮の中にジャガイモの薄い層を残し、果肉をす
くい取ります。

ベーキングシートの上に、トルティーヤチップスを一層に広げます。ジャガイモ
の皮をチップスの上に置きます。

シュレッドチーズと砕いたベーコンをジャガイモの皮とチップスの上に振りかけ
ます。

10〜15 分間、またはチーズが溶けて泡立つまで焼きます。

スライスしたネギとサワークリームをたっぷりとトッピングします。

42. <u>ベジナチョス</u>

材料

黒豆　1 缶（水気を切って洗っておきます）

トウモロコシ　1 缶（水気を切っておく）

トルティーヤチップス　1 袋

シュレッドチェダーチーズ　1 カップ

シュレッドモントレージャックチーズ　1 カップ

角切りトマト　1 個

角切りのハラペーニョ　1 個

スライスしたブラックオリーブ　1/4 カップ

刻んだ新鮮なコリアンダー　1/4　カップ

サービング用のサルサ、サワークリーム、ワカモレ

説明書

オーブンを 375°F に予熱します。

ベーキングシートの上に、トルティーヤチップスを一層に広げます。

黒豆とコーンをチップスの上に散らし、シュレッドチーズ、角切りトマト、ハラペーニョ、ブラックオリーブをトッピングします。

4.10〜15 分間、またはチーズが溶けて泡立つまで焼きます。

新鮮なコリアンダーをトッピングし、サルサ、サワークリーム、ワカモレを添えます。

43. ギリシャ野菜のナチョス

材料

ピタチップス　1 袋

砕いたフェタチーズ　1 カップ

さいの目に切ったキュウリ　1 カップ

角切りトマト　1 カップ

スライスしたカラマタオリーブ　1/4 カップ

刻んだ新鮮なパセリ　1/4 カップ

サービング用のザジキソース

説明書

オーブンを 375°F に予熱します。

ベーキングシートの上に、ピタチップスを一層に広げます。

砕いたフェタチーズをチップスの上に振りかけ、角切りにしたキュウリとトマトを
トッピングします。

スライスしたカラマタオリーブをナチョスの上に振りかけます。

10〜15 分間、またはチーズが溶けて泡立つまで焼きます。

刻んだパセリをトッピングし、ザジキソースを添えます。

ビーンナチョス

44. たっぷりワカモレナチョス

材料

トルティーヤチップス 1 袋

シュレッドチェダーチーズ 2 カップ

黒豆 1 カップ

角切りトマト 1 カップ

刻んだコリアンダー 1/4 カップ

みじん切りの赤玉ねぎ 1/4 カップ

サワークリーム 1/2 カップ

ワカモレ 1/2 カップ

説明書

オーブンを 350°F (175°C) に予熱します。

ベーキングシートの上にトルティーヤチップスを重ねます。

シュレッドチェダーチーズをトルティーヤチップスの上にふりかけます。

黒豆と角切りトマトをチーズの上に加えます。

オーブンで 10〜15 分間、またはチーズが溶けるまで焼きます。

オーブンから取り出し、刻んだコリアンダーと角切りの赤玉ねぎをトッピングします。

サワークリームとワカモレを上からかけます。

提供して楽しんでください！

45. 黒豆テンペナチョス カシューチーズ添え

収量：4 食分

材料
カシューチーズ
生のカシューナッツ 3/4 カップを 1 時間から一晩浸し、水を切ります
ニュートリショナルイースト 大さじ 1
タピオカ澱粉またはタピオカ粉 大さじ 1（同じものです）
ガーリックパウダー 小さじ 1/2
オニオンパウダー 小さじ 1/2
レモン汁 大さじ 1
水 1/2 カップ
テンペナチョス
10〜18 オンスのトルティーヤチップス
15 オンス缶の黒豆（水を切ってすすいだもの）1 個
赤玉ねぎのみじん切り 1/2 カップ
ローマトマト 1 個（小さめの角切り）
レタス
8 オンスのテンペ、非常に小さくさいの目に切ったもの
唐辛子 1 本（斜めに薄くスライス）
生の殻をむいた麻の実 大さじ 2
アボカド 1 個
ライム 1 個のジュース

説明書

カシューチーズ

1. チーズの材料をすべてブレンダーに加え、滑らかになるまで混ぜます。この混合物を小さな鍋に移します。中火にかけ、ソースが少しとろみがつくまでかき混ぜます。5分から10分程度かかります。火から下ろして少し冷まします。

ナチョスを組み立てる

2. レタスとすべてのチップスを皿に置きます。チップスの上に黒豆をふりかけます。カシューチーズのドット。赤玉ねぎ、トマト、テンペ、唐辛子、ヘンプシードを上に散らします。

3. アボカドを角切りにし、ライムジュースを加えます。角切りにしたアボカドをナチョスの上に散らします。

46. アボカドとオニオンのナチョス マイクログリーン

作る：2

材料

- 発芽小麦のトルティーヤ
- アボカド/ワカモレ
- トマト
- ハラペーニョ、薄切り
- インゲン豆 1/2 缶
- 玉ねぎのマイクログリーン ひとつかみ

説明書

a) 発芽小麦のトルティーヤをカリッと温かくするには、軽くトーストします
。

b) アボカドをフォークで潰し、トルティーヤの上に広げます。

c) トマト、ハラペーニョ、インゲン豆、玉ねぎのマイクログリーンを飾ります
。

47. チーズナチョス

材料

- 4 オンスのコーントルティーヤチップス
- サルサ 1/2 カップ
- すりおろしたチェダーチーズまたはジャックチーズ 1 カップ
- ほうれん草の葉、金時豆、コーン粒、ミニトマト、スライスピーマンなどの彩り豊かなトッピング

説明書

a) 電子レンジ対応のお皿にコーンチップスを並べます。

b) コーンチップスの上にサルサを塗ります。

c) ほうれん草、インゲン、コーン、トマト、ピーマンを並べます。

d) その上にチーズを振りかけます。

e) チーズが溶けるまで電子レンジの強で 1 分半加熱します。

f) ワカモレ、サワークリーム、または追加のサルサを添えてお召し上がりください。

48. ボリュームたっぷりのナチョス

4 人分

「チーズ」ソースの場合:

生カシューナッツ 1/2 カップを温水に少なくとも 30 分間浸し、よくすすいでください。

タヒニ 大さじ 1

赤ピーマン 1 個（ローストして種を取り除いたもの）

ニュートリショナルイースト 1/4 カップ

減塩醤油、またはブラッグリキッドアミノ 大さじ 1

レモンの皮と果汁 1/2 個分

カイエンペッパー 小さじ 1/4

「リフライド」ビーンディップの場合：

15 オンスのピント豆缶 1 個（水気を切り、すすいだもの）

フレッシュトマトサルサ 1 カップ

チリパウダー 小さじ 1 と 1/2

ナチョスの場合:

細かく刻んだコリアンダー、パセリ、またはレタス 1/2 カップ

アボカド 1 個、半分に切り、種を取り、皮をむき、スライスする（オプション）

フレッシュトマトサルサ 1/2 カップ

さいの目に切ったフレッシュトマト 1/2 カップ

焼いたコーントルティーヤをチップスに切ります（ヒントを参照）

「チーズ」ソースを作るには：

1. 浸したカシューナッツ、タヒニ、ローストした赤唐辛子、栄養酵母、醤油、レモンの皮と果汁、カイエンペッパー、および水 1/4 カップをミ

キサーに入れます。滑らかになるまで高速でブレンドします。脇に置いておきましょう。

「リフライド」ビーンディップを作るには：

2. フードプロセッサーのボウルに豆、サルサ、チリパウダーを加えます。滑らかになるまでピューレにし、必要に応じて水を加えて滑らかな粘稠度を実現します。ピューレにした豆を中型の鍋に入れ、弱火で火が通るまで温めます。食べる準備ができるまで温めておいてください。

ナチョスを組み立てるには:

3. 中型のサービングボウルまたはグラタン皿の底に豆のディップを均等に広げます。表面を平らにし、コリアンダーを豆の上に振りかけます。コリアンダーの上に「チーズ」ソースを注ぎます。スライスしたアボカド（使用する場合）、サルサ、角切りのフレッシュトマトを飾り、焼いたコーンチップスを添えます。

49. たっぷりチリナチョス

チリ缶 1 缶

トルティーヤチップス 1 袋

シュレッドチェダーチーズ 2 カップ

角切りトマト 1/2 カップ

刻んだコリアンダー 1/4 カップ

みじん切りの赤玉ねぎ 1/4 カップ

トルティーヤチップスを天板に重ね、チリ、シュレッドチーズ、角切りトマト、コリアンダー、レッドオニオンをトッピングします。10〜15 分間、またはチーズが溶けるまで焼きます。

50.亜麻チップナチョス

材料

レシピ 1 件 塩漬け亜麻チップス

レシピ 1 件 タコスナッツミート

チポトレチーズ レシピ 1 件

エアルームトマトサルサ レシピ 1 件

熟したアボカド 1 個（種を取り、さいの目切り）

説明書

塩漬け亜麻チップスを皿に置いてナチョスを組み立てます。タコスミート、チーズ、サルサ、アボカドをトッピングします。すぐにお楽しみください。

魚介類のナチョス

51. シュリンプナチョス

調理して皮をむいたエビ　1 ポンド

トルティーヤチップス　1 袋

シュレッドチェダーチーズ　2 カップ

角切りのアボカド　1 個

角切りトマト　1/2 カップ

刻んだコリアンダー　1/4 カップ

みじん切りの赤玉ねぎ　1/4 カップ

ベーキングシートの上にトルティーヤチップスを重ね、その上に調理した
エビ、シュレッドチーズ、角切りのアボカド、角切りのトマト、コリアンダ
ー、赤玉ねぎをのせます。10〜15 分間、またはチーズが溶けるまで焼
きます。

52. クリスピーエビ

分量: 4 人分

材料
卵 1 個
1/2 ポンドのナチョチップス（砕いたもの）
エビ 12 尾（皮をむき、背わたを取り除いたもの）

方向：

1.浅い皿に卵を割りほぐします。

2.別の浅い皿に砕いたナチョチップスを置きます。

3.エビに溶き卵をまぶし、ナチョチップスに巻きます。

4.Ninja Foodi デジタルエアフライヤーオーブンの AIR OVEN MODE ボタンを押し、ダイヤルを回して「エアフライ」モードを選択します。

5.TIME/SLICES ボタンを押し、もう一度ダイヤルを回して調理時間を 8 分に設定します。

6.TEMP/SHADE ボタンを押し、ダイヤルを回して温度を 355 °F に設定します。

7.「スタート/ストップ」ボタンを押してスタートします。

8.ユニットが予熱されたことを示すビープ音が鳴ったら、オーブンのドアを開けます。

9.エアフライバスケットにエビを並べ、オーブンに入れます。

10.調理時間が完了したら、オーブンのドアを開けてすぐにお召し上がりください。

53.　　　ロブスターナチョス

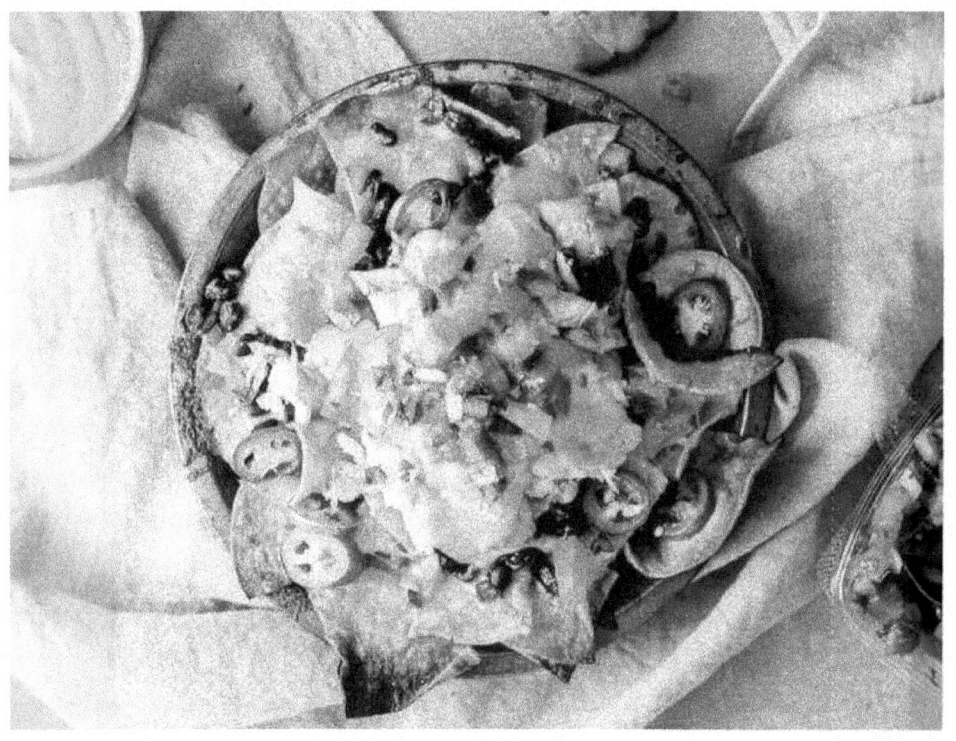

材料

調理済みロブスター肉　1 ポンド（みじん切り）
バター　大さじ 1
小麦粉　大さじ 1
牛乳　1 カップ
塩とコショウ
トルティーヤチップス
シュレッドモントレージャックチーズ　1 カップ
新鮮なパセリのみじん切り

説明書

オーブンを 350°F に予熱します。

鍋にバターを中火で溶かし、小麦粉を入れて混ぜます。1〜2 分間調理します。

滑らかになるまで牛乳を少しずつ加えて混ぜます。塩とコショウで味付けします。

天板にトルティーヤチップスを並べ、刻んだロブスター肉とシュレッドチーズをトッピングします。

ナチョスにソースを注ぎ、オーブンで 8〜10 分間、またはチーズが溶けて泡立つまで焼きます。

パセリのみじん切りを飾ります。

54. ツナナチョス

材料

ツナ缶　1　缶（水を切ってフレーク状にしたもの）
オリーブオイル　大さじ 1
クミン　小さじ 1
チリパウダー　小さじ 1
塩とコショウ
トルティーヤチップス
細切りペッパージャックチーズ　1 カップ
ネギのスライス

説明書

オーブンを 350°F に予熱します。

ボウルにツナを入れ、オリーブオイル、クミン、チリパウダー、塩、コショウを加えて混ぜます。

トルティーヤチップスを天板に並べ、シュレッドチーズと味付けしたツナをのせます。

オーブンで 8～10 分間、またはチーズが溶けて泡立つまで焼きます。

スライスしたネギを飾ります。

55. クラブナチョス

材料

カニ肉　1 ポンド
バター　大さじ 1
小麦粉　大さじ 1
牛乳　1 カップ
塩とコショウ
トルティーヤチップス
シュレッドチェダーチーズ　1 カップ
刻んだ新鮮なコリアンダー

説明書

オーブンを 350°F に予熱します。

鍋にバターを中火で溶かし、小麦粉を入れて混ぜます。1〜2 分間調理します。

滑らかになるまで牛乳を少しずつ加えて混ぜます。塩とコショウで味付けします。

天板にトルティーヤチップスを並べ、カニ身とシュレッドチーズをのせます。

ナチョスにソースを注ぎ、オーブンで 8〜10 分間、またはチーズが溶けて泡立つまで焼きます。

刻んだコリアンダーを飾ります。

56.　　　スモークサーモンナチョス

材料

スモークサーモン　4 オンス（みじん切り）

クリームチーズ　4 オンス（柔らかくしたもの）

ケッパー　大さじ 1

刻んだ新鮮なディル　大さじ 1

塩とコショウ

トルティーヤチップス

細切りモッツァレラチーズ　1 カップ

説明書

オーブンを 350°F に予熱します。

ボウルにスモークサーモン、クリームを入れて混ぜる

チーズ、ケッパー、ディル、塩、コショウをよく混ぜ合わせます。

3. トルティーヤチップスを天板に並べ、スモークサーモンミックスと細切りモッツァレラチーズをのせます。

オーブンで 8〜10 分間、またはチーズが溶けて泡立つまで焼きます。

57.　フィッシュタコスナチョス

材料

1 ポンドの白身魚（タラなど）を小さく切ります。
オリーブオイル　大さじ 2
チリパウダー　大さじ 1
塩とコショウ
トルティーヤチップス
細切りペッパージャックチーズ　1 カップ
刻んだ新鮮なコリアンダー
スライスしたアボカド

説明書

オーブンを 350°F に予熱します。

ボウルに魚を入れ、オリーブオイル、チリパウダー、塩、コショウを加えて和えます。

天板にトルティーヤチップスを並べ、シュレッドチーズと味付けした魚をのせます。

オーブンで 8〜10 分間、またはチーズが溶けて泡立つまで焼きます。

刻んだコリアンダーとスライスしたアボカドを飾ります。

58.   ホタテのナチョス

材料

ホタテ貝　1 ポンド
オリーブオイル　大さじ 2
ニンニク　2 片（みじん切り）
塩とコショウ
トルティーヤチップス
シュレッドモントレージャックチーズ　1 カップ
スライスハラペーニョ

説明書

オーブンを 350°F に予熱します。

フライパンで中火にかけ、オリーブオイルとニンニクを入れてホタテ貝を焼き色がつき、火が通るまで炒めます。塩とコショウで味付けします。

ベーキングシートにトルティーヤチップスを並べ、シュレッドチーズと調理したホタテ貝をトッピングします。

オーブンで 8〜10 分間、またはチーズが溶けて泡立つまで焼きます。

スライスしたハラペーニョを飾ります。

59.　エビとカニのナチョス

材料

エビ　1 ポンド（皮をむいて背わたを取り除いたもの）
カニ肉　1 ポンド
ニンニク　2 片（みじん切り）
トルティーヤチップス
シュレッドチェダーチーズ　1 カップ
新鮮なパセリのみじん切り

説明書

オーブンを 350°F に予熱します。

鍋を中火にかけ、エビとニンニクをピンク色になり火が通るまで炒めます。脇に置いておきましょう。

天板にトルティーヤチップスを並べ、その上に茹でたエビ、カニ肉、シュレッドチーズをのせます。

オーブンで 8〜10 分間、またはチーズが溶けて泡立つまで焼きます。

パセリのみじん切りを飾ります。

60.　セビーチェナチョス

材料

白身魚（ティラピアや鯛など）　1 ポンド（角切り）
ライムジュース　1/2 カップ
オレンジジュース　1/4 カップ
刻んだコリアンダー　1/4 カップ
赤玉ねぎのみじん切り　1/4 カップ
塩とコショウ
トルティーヤチップス
シュレッドモントレージャックチーズ　1 カップ

説明書

ボウルに魚、ライムジュース、オレンジジュース、コリアンダー、赤玉ねぎ、塩、コショウを入れて混ぜます。冷蔵庫で 30 分〜1 時間漬け込みます。

オーブンを 350°F に予熱します。

天板にトルティーヤチップスを並べ、その上に魚のマリネとシュレッドチーズをのせます。

オーブンで 8〜10 分間、またはチーズが溶けて泡立つまで焼きます。

フルーツとデザートのナチョス

61. アップルナチョス

構成：1 個分

材料

- お好みのリンゴ 2 個
- 天然ナッツバター 1/3 カップ
- すりおろしたココナッツ 一掴み
- シナモンを振りかける
- レモン汁 大さじ 1

説明書

a) リンゴ：リンゴを洗い、芯を取り、1/4 インチのスライスに切ります。

b) 小さなボウルにリンゴのスライスを入れ、レモン汁と一緒に混ぜます。

c) ナッツバター：ナッツバターを温かくなり、少し水っぽくなるまで加熱します。

d) プレートの中心から外側の端に向かって円を描くようにナッツバターを注ぎます。

e) ココナッツフレークをふりかけ、シナモンをふりかけます。

62. *ガラナチョス マンゴーテキーラソース添え*

収量：6 食分

材料
- コーン 6 個または小麦粉トルティーヤ 4 個
- バター 大さじ 3
- 砂糖 大さじ 6
- 1 1/2 クォートのアイスクリーム、シャーベット、または
  その混合物
- カットフレッシュフルーツ 3 カップ
- マンゴーテキーラソース;
- シュガーナッツ
- チョコレートチップ 3/4 カップ

方向：

a) トルティーヤを 1 つの山に重ね、コーンの場合は 6 枚ずつ、小麦粉の場合は 8 枚ずつ、三角形に切ります。

b) 大きめのフライパンにバター大さじ 1/2 と砂糖大さじ 1 を入れます。バターが泡立ち、砂糖が溶けるまで中火にかけます。

c) 三角形のトルティーヤを重ならないようにできるだけ多く加え、膨らむまで約 1 分間炒めます。ひっくり返して反対側もきつね色になるまで約 1 分ほど焼きます。重ならないように皿に取り出す。鍋にバターと砂糖をさらに加え、すべての三角形がカリカリになるまでさらにラウンドを続けます。

d) 組み立てるには、アイスクリームまたはシャーベットのスクープを大きな大皿の中央に配置します。アイスクリームの周りにフルーツを散らし、三角形のトルティーヤをあちこちに挟み込みます。マンゴーテキーラソースをスプーンで全体にかけます。シュガーナッツとチョコチップをドットであしらいました。すぐにお召し上がりください。

63. ナチョス マンゴーテキーラソース添え

出来上がり量：6 人分

材料
● コーン 6 枚または小麦粉トルティーヤ 4 枚
● バター 大さじ 3
● 砂糖 大さじ 6
● 1 1/2 クォートのアイスクリームまたはシャーベット
● カットフレッシュフルーツ 3 カップ

マンゴーテキーラソース：
● シュガーナッツ
● チョコレートチップ 3/4 カップ

説明書

e) トルティーヤを 1 つの山に重ね、コーンの場合は 6 枚ずつ、小麦粉の場合は 8 枚ずつ、三角形に切ります。

f) 大きめのフライパンにバター大さじ 1/2 と砂糖大さじ 1 を入れます。バターが泡立ち、砂糖が溶けるまで中火にかけます。

g) 三角形のトルティーヤを重ならないようにできるだけ多く加え、膨らむまで約 1 分間炒めます。ひっくり返して反対側もきつね色になるまで約 1 分ほど焼きます。重ならないように皿に取り出す。鍋にバターと砂糖をさらに加え、すべての三角形がカリカリになるまでさらにラウンドを続けます。

h) 組み立てるには、アイスクリームまたはシャーベットのスクープを大きな大皿の中央に配置します。アイスクリームの周りにフルーツを散らし、三角形のトルティーヤをあちこちに挟み込みます。マンゴーテキーラソースをスプーンで全体にかけます。シュガーナッツとチョコチップをドットであしらいました。すぐにお召し上がりください。

64. ストロベリーチーズケーキナチョス

材料

シナモンシュガートルティーヤチップス　1 パッケージ

イチゴ　1　パイント（角切り）

クリームチーズ　8 オンス（柔らかくしたもの）

粉砂糖　1/2 カップ

バニラエッセンス　小さじ 1

ホイップクリーム

説明書

ボウルにクリームチーズ、粉砂糖、バニラエッセンスを入れて滑らかになるまで混ぜます。

トルティーヤチップスを皿に並べ、角切りにしたイチゴと少量のクリームチーズ混合物をトッピングします。

ホイップクリームを添えます。

65. パイナップルココナッツナチョス

材料

プレーントルティーヤチップス　1 パック

潰したパイナップル　1 缶（水気を切っておく）

ココナッツの細切り　1/2 カップ

加糖練乳　1/2 カップ

バニラエッセンス　小さじ 1

説明書

オーブンを 350°F に予熱します。

トルティーヤチップスを天板に並べ、砕いたパイナップルと刻んだココナッツをトッピングします。

加糖コンデンスミルクとバニラエッセンスを上から注ぎます。

オーブンで 8〜10 分間、またはココナッツがトーストされてミルクが泡立つまで焼きます。

66. <u>チョコバナナナチョス</u>

材料

チョコレートトルティーヤチップス　1 パック
バナナ　2 本（スライス）
溶かしたチョコレートチップ　1/2　カップ
刻んだナッツ（お好みで）

説明書

チョコレートトルティーヤチップスを皿に並べ、スライスしたバナナをのせます。

溶かしたチョコレートを上から注ぎます。

必要に応じて刻んだナッツを振りかけます。

67.　マンゴーサルサナチョス

材料

プレーントルティーヤチップス　1 パック
マンゴー　2 個（角切り）
赤玉ねぎのみじん切り　1/4 カップ
刻んだコリアンダー　1/4 カップ
種を取り、みじん切りにしたハラペーニョ　1 個
ライム果汁　1 個
塩とコショウ

説明書

ボウルに角切りのマンゴー、赤玉ねぎ、コリアンダー、ハラペーニョペッパー、ライムジュース、塩、コショウを入れて混ぜます。

トルティーヤチップスを皿に並べ、マンゴーサルサをトッピングします。

68. <u>キウイライムナチョス</u>

材料

プレーントルティーヤチップス　1 パック
キウイ　4 個（皮をむいてスライス）
ライム　2 個分のジュース
蜂蜜　1/4 カップ

説明書

トルティーヤチップスを皿に並べ、その上にスライスしたキウイをのせます。

ライムジュースとはちみつを上からかけてください。

69. ベリーヌテラナチョス

材料

シナモンシュガートルティーヤチップス　1 パッケージ
ミックスベリー（イチゴ、ブルーベリー、ラズベリーなど）　1 カップ
ヌテラ　1/2 カップ
刻んだナッツ（お好みで）

説明書

シナモンシュガートルティーヤチップスを皿に並べ、ミックスベリーをトッピングします。

ヌテラを電子レンジで 15〜20 秒加熱して柔らかくします。

ヌテラを上からかけます。

必要に応じて刻んだナッツを振りかけます。

70. グリルピーチナチョス

材料

プレーントルティーヤチップス　1 パック
桃　3　個（半分に切り、種を取り除いたもの）
蜂蜜　1/4 カップ
バルサミコ酢　1/4 カップ
刻んだフレッシュミント　1/4 カップ

説明書

グリルを中火〜強火に予熱します。

半分に切った桃を片面 3〜4 分、少し焦げ目がつくまで焼きます。

トルティーヤチップスを皿に並べ、その上に半分に切ったグリルした桃を乗せます。

4. はちみつとバルサミコ酢を上からかけます。

刻んだフレッシュミントをふりかけます。

ナチョディップ

71. ブリックチーズディップ

出来上がり量: 2 人分

材料

- リコッタチーズ 3 オンス
- おろしたてのブリックチーズ 3 オンス
- 新鮮なタイムの葉 大さじ 3
- 6 オンスのヤギチーズ
- 1 オンスのパルメザンハードチーズ、おろしたて
- 厚切りベーコン 4 枚（調理して砕いたもの）
- 塩とコショウの味

説明書

a) オーブンで焼く準備をします。

b) すべての材料をグラタン皿に入れて混ぜ合わせます。

c) 皿の上にパルメザンチーズを振りかけます。

d) 予熱したオーブンで 5 分間、またはチーズが茶色になり泡立ち始める
まで焼きます。

e) オーブンから取り出してすぐにお召し上がりください。

72. ビーガン カノーリ ディップ

生産数: 8

材料

- ● ココナッツミルク、全脂肪 3/4 カップ
- ● ビーガンクリームチーズ 8 オンス
- ● 純粋なアーモンドエキス 小さじ 1
- ● 製菓用砂糖 3/4 カップ
- ● バニラエッセンス 小さじ 1/2
- ● アーモンド（生） 1 カップ
- ● カシューナッツ（生） 2 カップ
- ● ピスタチオ 大さじ 2

説明書

a) すべての材料を混ぜ合わせます。

73.ブルーチーズとゴーダチーズのディップ

出来上がり量: 2 人分

材料

- 無塩バター 大さじ 2
- 甘い玉ねぎ、みじん切り 1 カップ
- クリームチーズ 2 カップ（室温）
- 塩 小さじ 1/8
- 白コショウ 小さじ 1/8
- モンタッキーのコールドスナック 1/3 カップ
- 刻んだフェイクチキン 1 1/2 カップ
- ハニーマスタード 1/2 カップ、小雨用にさらに追加
- ランチドレッシング 大さじ 2
- シュレッドチェダーチーズ 1 カップ
- ゴーダチーズ 2 カップ（細切り）
- ブルーチーズドレッシング 大さじ 2
- 砕いたブルーチーズ 1/3 カップ、さらにトッピング用
- ハニーBBQ ソース 3/4 カップ、さらに霧雨用に追加

説明書

a) 大きなフライパンにバターを弱火で溶かします。

b) みじん切りにした玉ねぎを加えて炒め、塩、コショウで味を調えます。

c) 5 分間、または少し柔らかくなるまで調理します。

d) 頻繁にかき混ぜながら、玉ねぎがカラメル状になるまで約 25〜30 分間煮ます。

e) オーブンを 375°F に予熱します。

f) 9 インチのグラタン皿にテフロン加工のクッキングスプレーを塗ります。

g) クリームチーズ、全チーズ、BBQ ソース、ハニーマスタード、ランチドレッシング、ブルーチーズを大きなミキシングボウルに入れて混ぜます。

h) カラメル状の玉ねぎと偽鶏肉を加えます。

i) グラタン皿に生地を置きます。

j) 残りのチーズを飾ります。

k) ディップを 20〜25 分間、またはきつね色になるまで焼きます。

l) すぐにお召し上がりください。

74. パブチーズディップ

出来上がり量: 2 人分

材料
● 粗く刻んだハラペーニョのピクルス　大さじ 3
● ハードサイダー　1 カップ
● 赤唐辛子　小さじ 1/8
● 細切りにしたエクストラシャープなイエローチェダーチーズ　2 カップ
● 細切りコルビーチーズ　2 カップ
● コーンスターチ　大さじ 2
● ディジョンマスタード　大さじ 1
● クラッカー　60 枚

説明書
● 中くらいのミキシングボウルにチェダーチーズ、コルビーチーズ、コーンスターチを入れて混ぜます。脇に置きます。
● 中型の鍋にサイダーとマスタードを入れて混ぜます。
● 中火で沸騰するまで煮ます。
● チーズ混合物を少しずつ、滑らかになるまでゆっくりと混ぜます。
● 火を止めます。
● ハラペーニョと赤ピーマンを加えて混ぜます。
● 混合物を 1 クォートのスロークッカーまたはフォンデュポットに入れます。
● 弱火で温めてください。
● クラッカーと一緒にお召し上がりください。

75. スパイシーなコーンディップ

出来上がり量: 6 人分

材料

- エクストラバージンオリーブオイル 大さじ 1
- スパイシーなイタリアンソーセージ 1/2 ポンド
- 赤玉ねぎ中 1 個（みじん切り）
- 大きめの赤ピーマン 1 個（角切り）
- サワークリーム 1 カップ
- クリームチーズ 4 オンス（室温）
- 解凍した冷凍トウモロコシ 4 カップ
- みじん切りネギ 1/2 カップ
- 大きめのハラペーニョ 1 個（角切り）
- ニンニク 4 片（みじん切り）
- 刻んだコリアンダー 大さじ 1
- クレオール調味料 小さじ 2
- 挽いた黒コショウ 小さじ 1
- 細かく刻んだシャープチェダーチーズ 1 カップ（分割）
- 細切りコルビージャックチーズ 1 カップ（分割）
- 植物油、グリース用

説明書

a) オーブンを華氏 350 度に予熱します。

b) 大きな鍋に中火にかけ、油を熱します。イタリアンソーセージを加え、焼き色がつくまで炒める。玉ねぎとピーマンを加えます。柔らかくなるまで調理します。

c) サワークリームとクリームチーズを加えます。よく混ざるまでかき混ぜ、コーン、ネギ、ハラペーニョ、ニンニク、コリアンダーを加えます。すべてがよく混ざるまで材料をかき混ぜ続けます。クレオール調味料、黒コショウ、チェダーチーズ 1/2 カップ、コルビー ジャック チーズ 1/2 カップを振りかけます。よく混ぜます。

d) グラタン皿に軽く油を塗り、コーン混合物を加えます。残りのチーズを乗せ、蓋をせずに 20 分間焼きます。お召し上がりになる前に少し冷ましてください。

76.低炭水化物パンピザディップ

出来上がり量: 1 回分

材料

- 6 オンス 電子レンジで温めたクリームチーズ
- サワークリーム 1/4 カップ
- モッツァレラチーズ 1/2 カップ （細切り）
- 塩とコショウの味
- マヨネーズ 1/4 カップ
- モッツァレラチーズ 1/2 カップ （細切り）
- 低炭水化物トマトソース 1/2 カップ
- パルメザンチーズ 1/4 カップ

説明書

a)　オーブンを華氏 350 度に予熱します。

b)　クリームチーズ、サワークリーム、マヨネーズ、モッツァレラチーズ、塩、コショウを混ぜます。

c)　ラメキンに注ぎ、各ラメキン、モッツァレラチーズ、パルメザンチーズの上にトマトソースを塗ります。

d)　パンピザディップにお好みのトッピングをトッピングしてください。

e)　20 分間焼きます。

f)　おいしいブレッドスティックや豚の皮と一緒にお召し上がりください。

77. カニのラングーンディップ

材料

f) クリームチーズ 1 パッケージ（8 オンス）、室温に柔らかくした

g) オリーブオイルマヨネーズ 大さじ 2

h) 絞りたてのレモン汁 大さじ 1

i) 海塩 小さじ 1/2

j) 黒コショウ 小さじ 1/4

k) ニンニク 2 片（みじん切り）

l) 中ネギ 2 本（みじん切り）

m) 細切りパルメザンチーズ 1/2 カップ

n) 缶詰白カニ肉 4 オンス（約 1/2 カップ）

説明書

a) オーブンを 350°F に予熱します。

b) 中くらいのボウルに、クリームチーズ、マヨネーズ、レモン汁、塩、コショウを入れ、ハンドブレンダーでよく溶けるまで混ぜます。

c) にんにく、玉ねぎ、パルメザンチーズ、カニ身を加え、スパチュラで混ぜ合わせます。

d) 混合物をオーブン対応の容器に移し、均等に広げます。

e) ディップの表面がわずかに茶色になるまで、30〜35 分間焼きます。温かいうちにお召し上がりください。

78. ヤギチーズワカモレ

メイク: 4-6

材料

- アボカド 2 個
- 3 オンスのヤギチーズ
- ライム 2 個の皮
- ライム 2 個分のレモン汁
- ガーリックパウダー 小さじ 3/4
- オニオンパウダー 小さじ 3/4
- 塩 小さじ 1/2
- 赤唐辛子フレーク 小さじ 1/4 （お好みで）
- コショウ 小さじ 1/4

説明書

- アボカドをフードプロセッサーに加え、滑らかになるまで混ぜます。残りの材料を加え、溶け込むまで混ぜます。
- チップスと一緒にお召し上がりください。

79. バイエルン パーティー ディップ/スプレッド

製造量：1 1/4 ポンド

材料
- 玉ねぎのみじん切り 1/2 カップ
- ブラウンシュヴァイガー 1 ポンド
- クリームチーズ 3 オンス
- 黒コショウ 小さじ 1/4

説明書
a) 頻繁にかき混ぜながら、玉ねぎを 8〜10 分間炒めます。火から下ろして水気を切ります。ブラウンシュヴァイガーからケーシングを取り出し、肉とクリームチーズを滑らかになるまで混ぜます。玉ねぎと胡椒を混ぜます。

b) クラッカーやパーティーライ麦の薄切りにレバーを塗ったり、ニンジン、セロリ、ブロッコリー、ラディッシュ、カリフラワー、チェリートマトなどの様々な新鮮な生野菜を添えたディップとしてもお召し上がりいただけます。

。

80.ベイクドアーティチョークのパーティーディップ

材料

- 大きめの濃いライ麦パン 1 斤
- バター 大さじ 2
- ねぎ 1 束; みじん切り
- 新鮮なニンニク 6 片。細かくみじん切り、最大 8 個まで
- 8 オンスのクリームチーズ; 室温で。
- 16 オンスのサワークリーム
- 12 オンスのシュレッドチェダーチーズ
- アーティチョークのハツ 1 缶（14 オンス）。水気を切って四等分に切る

説明書

● 食パンの上部に直径 5 センチほどの穴を開けます。柔らかいパンをカット部分から取り出し、廃棄します。生地はパンのトップを作るために取っておきます。

● パンの内側の柔らかい部分の大部分をすくい取り、詰め物や乾燥したパン粉などの他の目的のために保存します。バターの中には、

● ネギとニンニクを玉ねぎがしんなりするまで炒めます。クリームチーズを小さな塊に切り、玉ねぎ、にんにく、サワークリーム、チェダーチーズを加えます。よく混ぜます。アーティチョークのハートを折り込み、この混合物をすべてくり抜いたパンに入れます。パンの上に置き、厚手のアルミホイルで包みます。350 度のオーブンで 1 時間半焼きます。

● 準備ができたら、ホイルを外し、カクテルライ麦パンを使ってソースを浸し、お召し上がりください。

81. バッファローチキンディップ

材料

- クリームチーズ 1 パッケージ（8 オンス）
- 1/ フランクのレッドホットソース 2 カップ
- 1/全脂肪缶入りココナッツミルク 4 カップ
- 調理済み鶏肉の細切り 11/2 カップ
- 3/細切りモッツァレラチーズ 4 カップ（分割）
- 1 ブルーチーズクランブル /2 カップ

説明書

a) 中鍋にクリームチーズを入れ、中弱火で溶けるまで加熱します。ホットソースとココナッツミルクを加えて混ぜます。

b) 混ざったら鶏肉を加えて火が通るまで炒める。

c) 火から下ろし、1/2 カップのモッツァレラチーズとブルーチーズのクランブルを加えて混ぜます。

d) 8 インチ×8 インチのグラタン皿に移し、その上に残りのモッツァレラチーズを振りかけます。15 分間、またはチーズが泡立つまで焼きます。温かいうちにお召し上がりください。

82. ランチディップ

材料

- マヨネーズ 1 カップ
- 1/プレーンギリシャヨーグルト 2 カップ
- 乾燥チャイブ 小さじ 11/2
- 乾燥パセリ 小さじ 11/2
- 乾燥ディル 小さじ 11/2
- 3 顆粒ニンニク 小さじ 4
- 3/顆粒玉ねぎ 小さじ 4
- 1/塩 小さじ 2
- 1/黒コショウ小さじ 4

説明書

a) すべての材料を小さなボウルに入れて混ぜます。

b) お召し上がりになる 30 分前に冷蔵庫に入れてください。

83. スパイシーなエビとチーズのディップ

材料

- 砂糖不使用のベーコン 2 枚
- 中くらいの黄色のタマネギ 2 個（皮をむき、さいの目に切る）
- ニンニク 2 片（みじん切り）
- 調理済みのポップコーンシュリンプ（パン粉をまぶしたものではない）
1 カップ
- 中くらいのトマト 1 個（角切り）
- シュレッドモントレージャックチーズ 3 カップ
- 1/フランクのレッドホットソース 小さじ 4
- 1/カイエンペッパー 小さじ 4
- 1/黒コショウ小さじ 4

説明書

- ベーコンを中火のフライパンでカリカリになるまで約 5〜10 分間炒めます。グリースを鍋に入れておいてください。ベーコンをペーパータオルの上に置いて冷まします。冷めたらベーコンを指で崩します。
- フライパンに入れたベーコンに玉ねぎとにんにくを加え、柔らかく香りが出るまで中弱火で約 10 分間炒めます。
- すべての材料をスロークッカーで混ぜ合わせます。よくかき混ぜ。蓋をして低温設定で 1〜2 時間、またはチーズが完全に溶けるまで調理します。

84. ガーリックとベーコンのディップ

材料

- 砂糖不使用ベーコン 8 枚切り
- 刻んだほうれん草 2 カップ
- クリームチーズ 1 パッケージ（8 オンス）、柔らかくした
- 1/全脂肪サワークリーム 4 カップ
- 1/ プレーン全脂肪ギリシャヨーグルト 4 カップ
- 新鮮なパセリのみじん切り 大さじ 2
- レモン汁 大さじ 1
- ローストしたニンニク 6 片（マッシュしたもの）
- 塩 小さじ 1
- 1/黒胡椒 小さじ 2
- 1/すりおろしたパルメザンチーズ 2 カップ

説明書

- オーブンを 350°F に予熱します。
- ベーコンを中火のフライパンでカリカリになるまで炒めます。ベーコンをフライパンから取り出し、ペーパータオルを敷いた皿の上に置きます。
- 熱したフライパンにほうれん草を加え、しおれるまで炒めます。火から下ろして脇に置きます。
- 中くらいのボウルにクリームチーズ、サワークリーム、ヨーグルト、パセリ、レモン汁、ニンニク、塩、コショウを加え、ハンドミキサーで混ぜるまで混ぜます。
- ベーコンを粗く刻み、クリームチーズと混ぜ合わせます。ほうれん草とパルメザンチーズを加えて混ぜます。

● 8 インチ×8 インチの天板に移し、30 分間または熱く泡立つまで焼きます。

85. クリーミーなヤギチーズのペストディップ

材料

- 新鮮なバジルの葉を 2 カップ詰めた
- すりおろしたパルメザンチーズ 1/2 カップ
- 8 オンスのヤギチーズ
- ニンニクのみじん切り 小さじ 1〜2
- 塩 小さじ 1/2
- オリーブオイル 1/2 カップ

説明書

- バジル、チーズ、ニンニク、塩をフードプロセッサーまたはブレンダーで滑らかになるまで混ぜます。オリーブオイルを均一な流れで加え、混ざり合うまで混ぜます。
- すぐにお召し上がりいただくか、冷蔵庫に保管してください。

86. ホットピザスーパーディップ

材料

- 柔らかくしたクリームチーズ
- マヨネーズ
- モツァレラチーズ
- バジル
- オレガノ
- ガーリックパウダー
- ペパロニ
- ブラックオリーブ
- ピーマン

説明書

a) 柔らかくしたクリームチーズ、マヨネーズ、少量のモッツァレラチーズを混ぜます。バジル、オレガノ、パセリ、ガーリックパウダーをふりかけ、うまく混ざるまでかき混ぜます。

b) それを深皿のパイ皿に詰めて、均等な層に広げます。

c) その上にピザソースを塗り、お好みのトッピングを乗せてください。この例では、モッツァレラチーズ、ペパロニブラックオリーブ、ピーマンを追加します。350℃で 20 分焼きます。

87. ベイクドほうれん草とアーティチョークのディップ

材料

a)　マリネしていないアーティチョークのハツ（水気を切って粗く刻んだもの）14 オンス缶

b)　解凍した冷凍みじん切りほうれん草　10 オンス

c)　リアルマヨネーズ　1 カップ

d)　すりおろしたパルメザンチーズ　1 カップ

e)　ニンニク　1 片

説明書

● 冷凍ほうれん草を解凍し、手で絞って乾燥させます。

● 水を切ってみじん切りにしたアーティチョーク、絞ったほうれん草、マヨネーズ 1 カップ、パルメザンチーズ 3/4 カップ、絞ったニンニク 1 片を混ぜ合わせ、1 クォートのキャセロールまたはパイ皿に移します。残りの 1/4 カップのパルメザンチーズを振りかけます。

● 蓋をせずに 350°F で 25 分間、または完全に加熱されるまで焼きます。お好みのクロスティーニ、チップス、またはクラッカーと一緒にお召し上がりください。

88. アーティチョークディップ

作る 8

材料
- アーティチョークの芯　2 カップ（みじん切り）
- マヨネーズまたはライトマヨネーズ　1 カップ
- パルメザンチーズの細切り　1 カップ

説明書
a) すべての材料を混ぜ合わせ、油を塗ったグラタン皿に置きます。
350°F で 30 分間焼きます。
b) ディップを軽く茶色になり、表面が泡立つまで焼きます。

89. クリーミーなアーティチョークのディップ

材料

90. 2×8 オンス クリームチーズのパッケージ（室温）

91. サワークリーム 1/3 カップ

92. マヨネーズ 1/4 カップ

93. レモン汁 大さじ 1

94. ディジョンマスタード 大さじ 1

95. ニンニク 1 片

96. ウスターソース 小さじ 1

97. ホットペッパーソース 小さじ 1/2

98. 3×6 オンス アーティチョークの心臓をマリネし、水を切ってみじん切り
にした瓶

99. すりおろしたモッツァレラチーズ 1 カップ

100. ねぎ 3 本

101. 刻んだハラペーニョ 小さじ 2

説明書

● 電動ミキサーを使用して、最初の 8 つの材料を大きなボウルに入れ、
混ざり合うまで混ぜます。アーティチョーク、モッツァレラ、ネギ、ハラペーニ
ョを混ぜます。

● グラタン皿に移します。

● オーブンを 400°F に予熱します。

● 泡が立って表面が茶色になるまでディップを約 20 分間焼きます。

90. ディルとクリームチーズのディップ

出来上がり量：4～6 人分

材料

- プレーン豆乳ヨーグルト 1 カップ
- クリームチーズ 4 オンス
- レモン汁 大さじ 1
- 乾燥チャイブ 大さじ 2
- 乾燥ディルウィード 大さじ 2
- 海塩 小さじ 1/2
- ダッシュペッパー

説明書

a)　すべてをブレンドし、少なくとも 1 時間冷蔵庫で冷やします。

栄養：カロリー 120| 脂肪 9g (飽和状態 2g) | コレステロール 0mg| ナトリウム 435mg| 炭水化物 9g| 食物繊維 1g| プロテイン 3g。

91. ワイルドライスとチリディップ

出来上がり量：4〜6 人分

材料

- 調理済みレンズ豆　12 オンス
- 酵母を含まない野菜スープ　1/4　カップ
- みじん切りピーマン　1/4　カップ
- にんにく　1/2　片（圧搾）
- 角切りトマト　1 カップ
- みじん切り玉ねぎ　1/4　カップ
- クリームチーズ　2 オンス
- チリパウダー　大さじ 1/2
- クミン　小さじ 1/2
- 海塩　小さじ 1/4
- ダッシュパプリカ
- 調理済みワイルドライス　1/2　カップ

説明書

a)　小さな鍋でレンズ豆と野菜スープを調理します。

b)　玉ねぎ、ピーマン、ニンニク、トマトを加え、中火で 8 分間煮ます。

c)　ブレンダーで、クリームチーズ、チリパウダー、クミン、海塩を滑らかになるまで混ぜます。

d)　大きなミキシングボウルに米、クリームチーズブレンド、レンズ豆の野菜ミックスを入れてよく混ぜます。

92. スパイシーパンプキンとクリームチーズのディップ

出来上がり量：4〜6 人分

材料

- 8 オンスのクリームチーズ
- 15 オンスの無糖カボチャの缶詰
- シナモン　小さじ 1
- オールスパイス　小さじ 1/4
- ナツメグ　小さじ 1/4
- ピーカンナッツ　10 粒、砕いたもの

説明書

a)　クリームチーズと缶詰のかぼちゃをミキサーでクリーム状になるまで混ぜます。

b)　シナモン、オールスパイス、ナツメグ、ピーカンナッツを加えて完全に混ざるまでかき混ぜます。お召し上がりになる前に、冷蔵庫で 1 時間冷やしてください。

93. クリームチーズとはちみつのディップ

出来上がり量：2 人分

材料

- クリームチーズ 2 オンス
- 蜂蜜 大さじ 2
- 絞ったオレンジジュース 1/4 カップ
- シナモン 小さじ 1/2

説明書

a) 滑らかになるまですべてをブレンドします。

94. クリーミーほうれん草とタヒニのディップ

約 1 カップ分になります

材料

- 新鮮なほうれん草 1 パック（10 オンス）
- ニンニク 1〜2 片
- 塩 小さじ 1/2
- タヒニ（胡麻ペースト） 1/3 カップ
- レモン汁 1 個分
- グランド・カイエン
- いりごま 小さじ 2（飾り用）

説明書

- ほうれん草をしおれるまで約 3 分間軽く蒸します。絞って乾燥させて脇に置きます。
- フードプロセッサーで、ニンニクと塩を細かく刻むまで処理します。蒸したほうれん草、タヒニ、レモン汁、カイエンペッパーを加えて味を調えます。
- 必要に応じて調味料を調整しながら、よく混ざって味がするまで加工します。
- ディップを中くらいのボウルに移し、ゴマを振りかけます。すぐに使用しない場合は、必要になるまでカバーをして冷蔵庫で保管してください。
- 適切に保管すれば、最長 3 日間保存できます。

95.　アプリコットとチリのディップソース

約 1 カップ分になります

材料
- ドライアプリコット 4 個
- 白ブドウジュースまたはリンゴジュース 1/2 カップ
- アジアンチリペースト 小さじ 1/2
- 新生姜のすりおろし 小さじ 1/2
- 醤油 大さじ 1
- 米酢 大さじ 1

説明書
● 小さな鍋にアプリコットとグレープジュースを入れ、沸騰するまで加熱します。火から下ろし、アプリコットが柔らかくなるまで 10 分間放置します。

● アプリコット混合物をブレンダーまたはフードプロセッサーに移し、滑らかになるまで処理します。チリペースト、生姜、醤油、酢を加え、滑らかになるまで混ぜます。味を見て、必要に応じて調味料を調整します。

● 小さなボウルに移します。すぐに使用しない場合は、必要になるまでカバーをして冷蔵庫で保管してください。

● 適切に保存すれば、ソースは 2〜3 日間保存できます。

96. 焼きナスのディップ

出来上がり量：5 カップ（1.19L）

材料

- 皮付きの中型ナス 3 本（大きくて丸くて紫色のナス）
- 油 大さじ 2
- クミンシード 小さじ山盛り 1
- コリアンダー 小さじ 1
- ターメリックパウダー 小さじ 1
- 皮をむき、さいの目に切った大きな黄色または赤玉ねぎ 1 個
- 根生姜 1 個（5 cm）、皮をむき、すりおろすかみじん切りにする
- ニンニク 8 片（皮をむき、すりおろすかみじん切りにする）
- 中型トマト 2 個、（可能であれば）皮をむき、角切りにする
- グリーンタイ、セラーノ、またはカイエンチリ みじん切り 1 〜 4 本
- レッドチリパウダーまたはカイエンペッパー 小さじ 1
- 粗海塩 大さじ 1

説明書

a) オーブンラックを 2 番目に高い位置にセットします。ブロイラーを 500°F (260°C) に予熱します。後で散らからないように、ベーキングシートにアルミホイルを敷きます。

b) ナスにフォークで穴を開け（蒸気を逃がすため）、天板に置きます。1 回ひっくり返しながら 30 分焼きます。完了すると、部分的に皮膚が焦げて焦げます。オーブンからベーキングシートを取り出し、ナスを少なくとも 15 分間冷まします。鋭利なナイフでナスの端から端まで縦に切り込みを入れ、少し引っ張って開きます。蒸気を避けて中の焼き肉をすくい、できるだけ多くの果汁を回収します。ローストしたナスの果肉をボウルに入れます。約 4 カップ (948 mL) になります。

c) 深くて重い鍋に油を入れ、中火で加熱します。

d) クミンを加え、ジュウジュウと音がするまで約 30 秒煮ます。

e) コリアンダーとターメリックを加えます。混ぜて 30 秒間調理します。

f) 玉ねぎを加えて 2 分間炒めます。

g) 根生姜とニンニクを加え、さらに 2 分間煮ます。

h) トマトとチリを加えます。混合物が柔らかくなるまで、3 分間調理します。

i) ローストしたナスの果肉を加え、くっつかないように時々混ぜながらさらに 5 分間調理します。

j) 赤唐辛子パウダーと塩を加えます。この時点で、焦げたナスの皮の部分も取り除いて廃棄する必要があります。

k) この混合物を浸漬ブレンダーまたは別のブレンダーを使用してブレンドします。やりすぎないでください。テクスチャーがまだ残っているはずです。トーストしたナンスライス、クラッカー、またはトルティーヤチップスと一緒にお召し上がりください。ロティ、レンズ豆、ライタの伝統的なインド料理と一緒に食べることもできます。

97. ラディッシュ M アイクログリーン＆ライムディップ

材料

● 大根マイクログリーン 4 オンス

● コリアンダー 2 オンス

● サワークリーム 8 オンス

● すりおろした黄玉ねぎ 大さじ 1

● すりおろしたニンニク 小 1 片

● ライムジュース 大さじ 2、またはお好みで

● 塩で味わう

● レッドペッパーフレーク 適量

説明書

● ブレンダーで、マイクログリーン、コリアンダー（茎とすべて）、玉ねぎ、ニンニク、サワークリームを滑らかになるまで混ぜ合わせます。

● ライムジュース、塩、赤唐辛子のフレーク少々で味付けします。チップス、野菜、グリルした肉、その他のおかずと一緒にお召し上がりください。

98. マンゴーポン酢

約 11/4 カップ分になります

材料

d) 角切りの完熟マンゴー　1 カップ

e) ポン酢　大さじ 1

f) アジアンチリペースト　小さじ 1/4

g) 砂糖　小さじ 1/4

h) 水　大さじ 2、必要に応じて追加

説明書

● ブレンダーまたはフードプロセッサーですべての材料を混ぜ合わせ、滑らかになるまで混ぜます。薄いソースが必要な場合は、さらに大さじ 1 杯の水を加えます。

● 小さなボウルに移します。すぐにお召し上がりいただくか、蓋をして使用するまで冷蔵庫で保管してください。このソースは作ったその日に使うのがベストです。

99. ナスくるみスプレッド

約 21/2 カップが作れます

材料

- オリーブオイル 大さじ 2
- 玉ねぎ 1 個（みじん切り）
- 小さなナス 1 本、皮をむき、1/2 インチのサイコロ状に切ります。
- ニンニク 2 片（みじん切り）
- 塩 小さじ 1/2
- カイエンペッパー粉 小さじ 1/8
- 刻んだクルミ 1/2 カップ
- 新鮮なみじん切りバジル 大さじ 1
- ビーガンマヨネーズ 大さじ 2
- 飾り用に刻んだ新鮮なパセリ 大さじ 2

説明書

a) 大きなフライパンに油を中火で熱します。玉ねぎ、ナス、ニンニク、塩、カイエンペッパーを加えます。蓋をして柔らかくなるまで約 15 分間煮ます。クルミとバジルを加えて混ぜ、冷ましておきます。

b) 冷やしたナスの混合物をフードプロセッサーに移します。マヨネーズを加えて滑らかになるまで混ぜます。味を見て、必要に応じて調味料を調整し、中くらいのボウルに移し、パセリを飾ります。

c) すぐに使用しない場合は、必要になるまでカバーをして冷蔵庫で保管してください。

d) 適切に保管すれば、最長 3 日間保存できます。

100. 生意気なほうれん草のディップ ローストガーリック添え

約 21/2 カップが作れます

材料

- ニンニク 5〜7 片
- 冷凍みじん切りほうれん草 1 パッケージ（10 オンス）、解凍
- ビーガンマヨネーズ 1/2 カップ（自家製（ビーガンマヨネーズを参照）または市販品）
- ビーガンサワークリーム 1/2 カップ（自家製（豆腐サワークリームを参照）または市販品）
- 新鮮なライムジュース 小さじ 2
- ネギのみじん切り 1/4 カップ
- 千切りニンジン 1/4 カップ
- 新鮮なコリアンダーまたはパセリのみじん切り 大さじ 2
- セロリ塩 小さじ 1/2
- 塩と挽きたての黒胡椒

説明書

a) オーブンを 350°F に予熱します。ニンニクを小さなベーキングシートの上で黄金色になるまで 12〜15 分間ローストします。ローストしたニンニクを押すか砕き、ペースト状にマッシュします。脇に置いておきましょう。

b) ニンニクを炒めている間に、ほうれん草を柔らかくなるまで 5 分間蒸します。乾燥させて絞って細かく刻みます。脇に置いておきましょう。

c) 中くらいのボウルにマヨネーズ、サワークリーム、ライムジュース、ローストガーリックを入れて混ぜます。かき混ぜて混ぜ合わせます。ネギ、ニンジン、コリアンダーを加えます。蒸したほうれん草を加えて混ぜ、セロリ塩、

塩コショウで味を調えます。よく混ぜます。味を濃くするため、お召し上がりになる少なくとも 1 時間前に冷やしてください。すぐに使用しない場合は、蓋をして冷蔵庫で保管してください。適切に保管すれば、最長 3 日間保存できます。

結論

ナチョスは誰でも楽しめる万能で美味しい料理です。ベジタリアンでも肉好きでも、誰でも楽しめるナチョスのレシピがあります。次回、軽食が食べたくなったら、ナチョスを作って、カリカリのチップス、とろけるチーズ、風味豊かなトッピングの完璧な組み合わせをお楽しみください。

ISBN 978-1-83551-774-1

90000

9 781835 517741